1904

1904 (6 juin)

COLLECTION

PERLES FINES

Rapportées par M. le Marquis de X***

PARIS   1904

CONDITIONS DE LA VENTE

Elle sera faite au comptant.

Les acquéreurs paieront *dix pour cent* en sus des prix
d'adjudication.

L'exposition mettant le public à même de se rendre compte
de l'état et de la nature des objets, aucune réclamation ne sera
admise une fois l'adjudication prononcée.

Paris. Imp. Georges Petit. — 11-52-01

CATALOGUE

D'UNE

IMPORTANTE COLLECTION

DE

PERLES FINES

Dont le poids total est d'environ 7974 grains

Appartenant à M. le Marquis de X***

ET DONT LA VENTE AURA LIEU A PARIS

HOTEL DROUOT, SALLE N° 6

Le Lundi 6 Juin 1904

A DEUX HEURES

<table>
<tr><td>COMMISSAIRE-PRISEUR</td><td></td><td>EXPERTS</td></tr>
<tr><td>Mᵉ PAUL CHEVALLIER</td><td></td><td>MM. MANNHEIM</td></tr>
<tr><td>10, Rue Grange-Batelière, 10</td><td></td><td>7, Rue Saint-Georges, 7</td></tr>
</table>

EXPOSITIONS

Particulière : Le Samedi 4 Juin 1904, de 1 heure à 5 heures 1/2
Publique : Le Dimanche 5 Juin 1904, de 1 heure à 5 heures 1/2

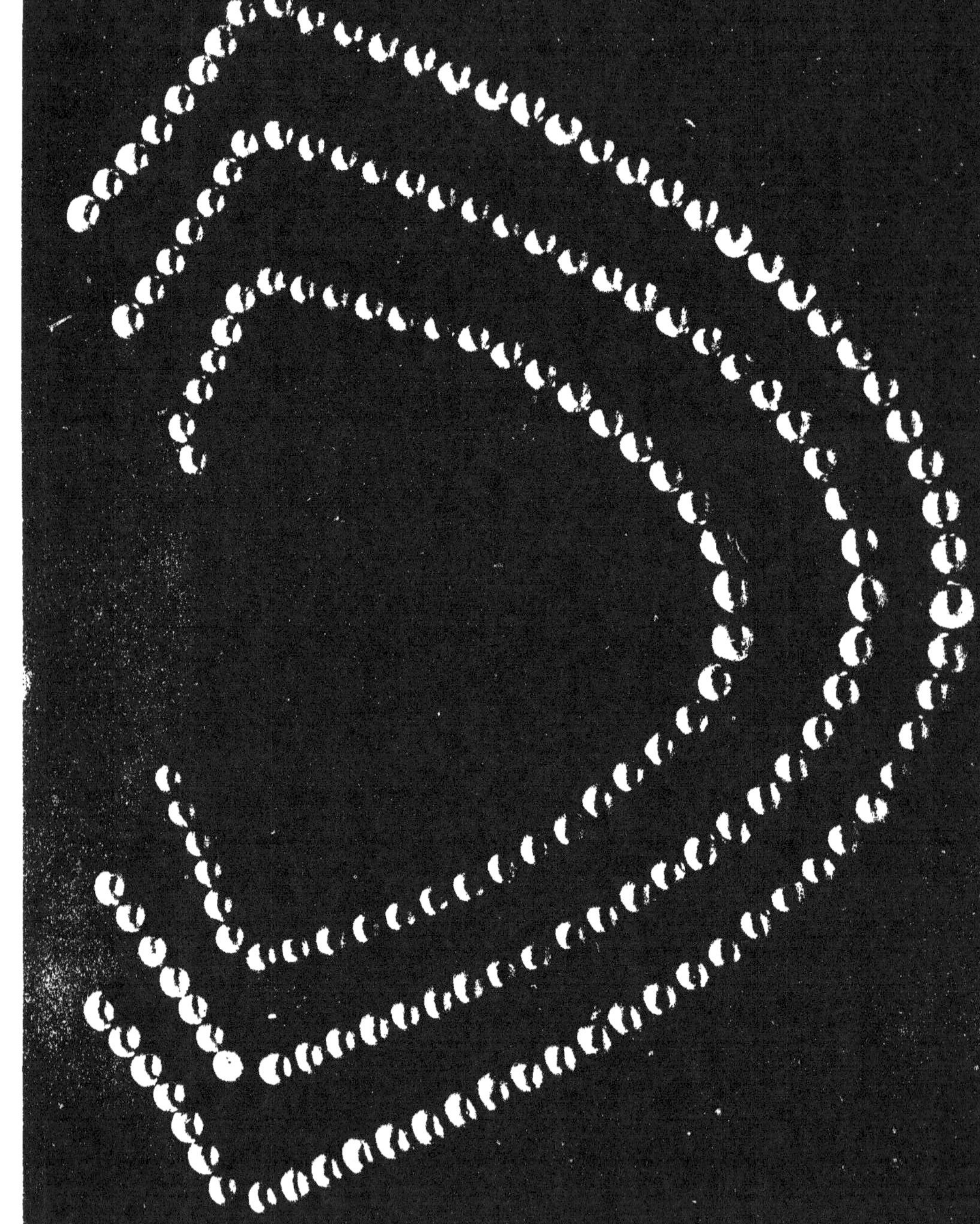

DÉSIGNATION

1 — RANG DE QUARANTE-TROIS PERLES, plus une
perle formant fermoir, pesant ensemble
environ 872 grains.

2 — RANG DE CINQUANTE-CINQ PERLES, pesant
environ 1.104 grains.

3 — RANG DE SOIXANTE-TROIS PERLES, pesant
environ 1.436 grains.

4 — RANG DE QUARANTE-NEUF PERLES, pesant
environ 560 grains.

5 — RANG DE SOIXANTE-UNE PERLES, pesant
environ 480 grains.

6 — RANG DE SOIXANTE-QUATRE PERLES, pesant
environ 628 grains.

7 — RANG DE SOIXANTE-HUIT PERLES, pesant
environ 728 grains.

8 — RANG DE SOIXANTE-DIX-HUIT PERLES, pesant
environ 900 grains.

N 4

N 5

N 6

N 7

N 8

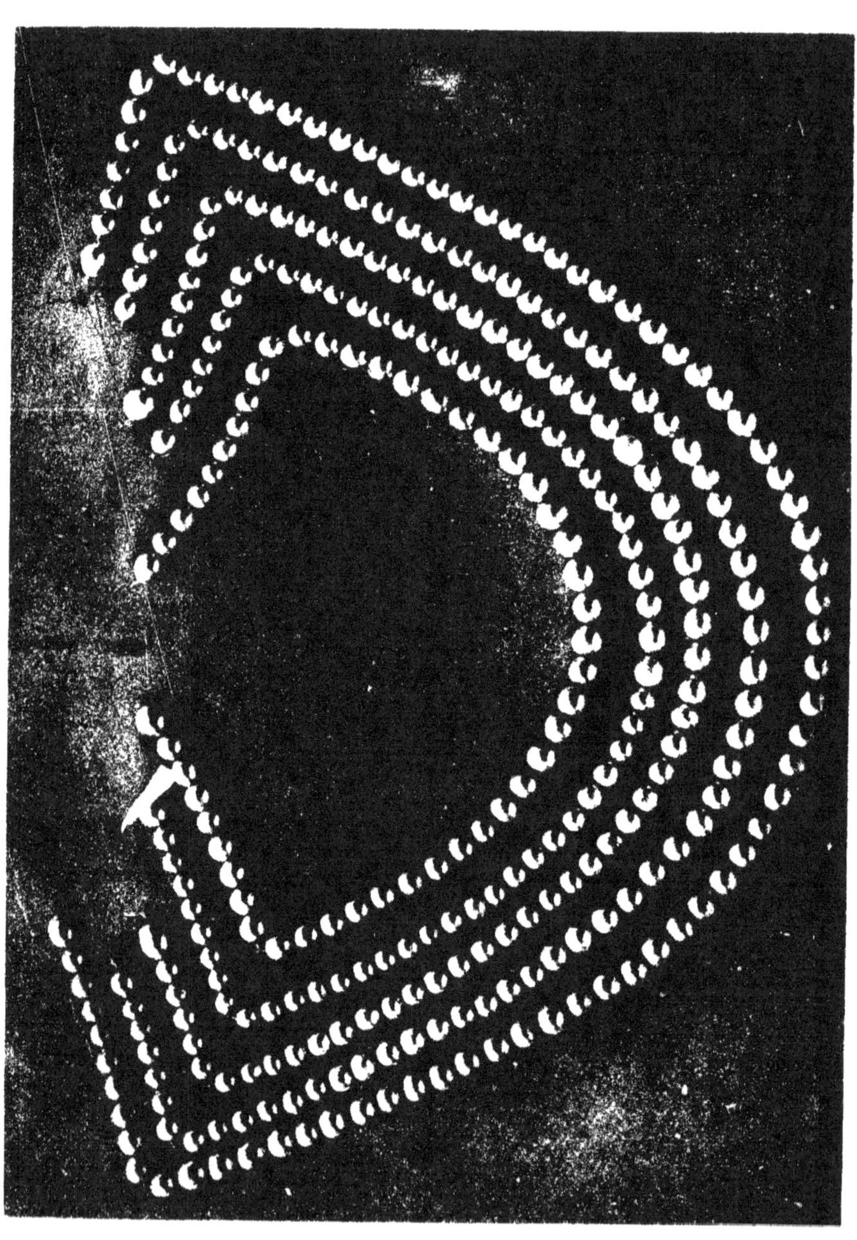

9 — RANG DE DEUX CENT VINGT-SEPT PERLES, pesant environ 1.848 grains.

10 — DEUX BOUTONS D'OREILLES, formés chacun d'une perle montée en or et surmontée d'un petit brillant.

Poids des deux perles. environ 151 grains.

11 — DEUX BOUTONS D'OREILLES. formés chacun d'une perle montée en or et surmontée d'un petit brillant.

Poids des deux perles. environ 67 1/2 grains.